Couverture inférieure manquante

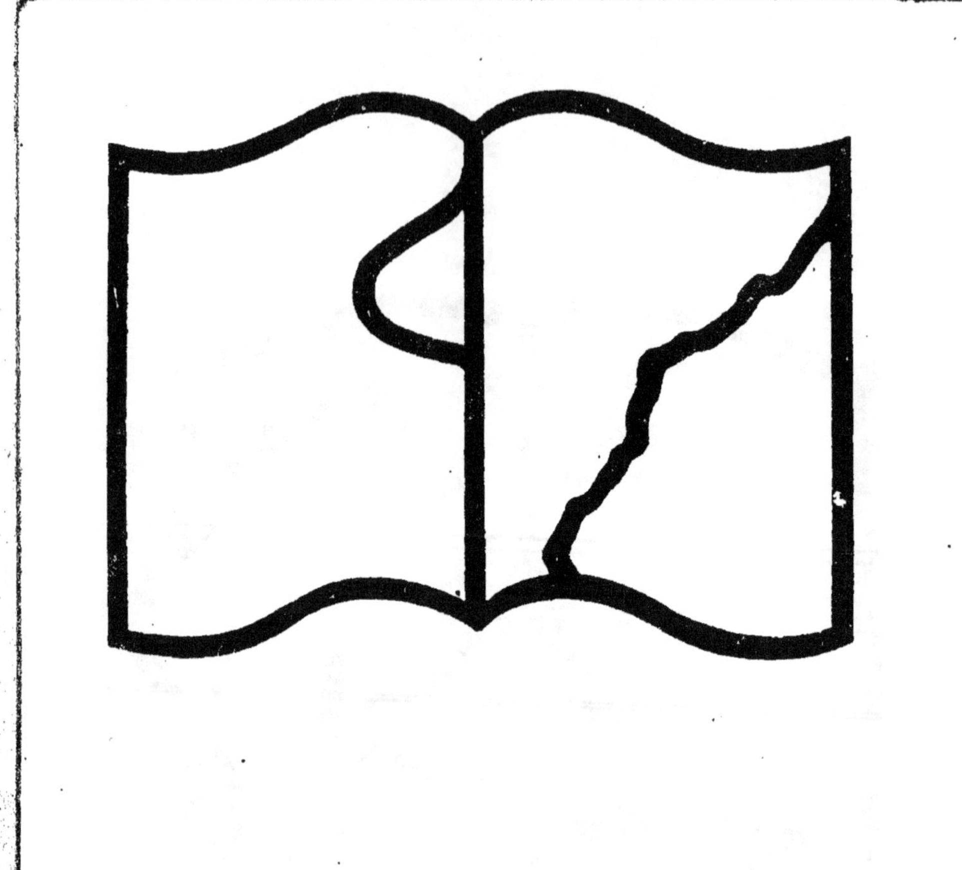

Texte détérioré — reliure défectueuse

NF Z 43-120-11

VALABLE POUR TOUT OU PARTIE DU
DOCUMENT REPRODUIT

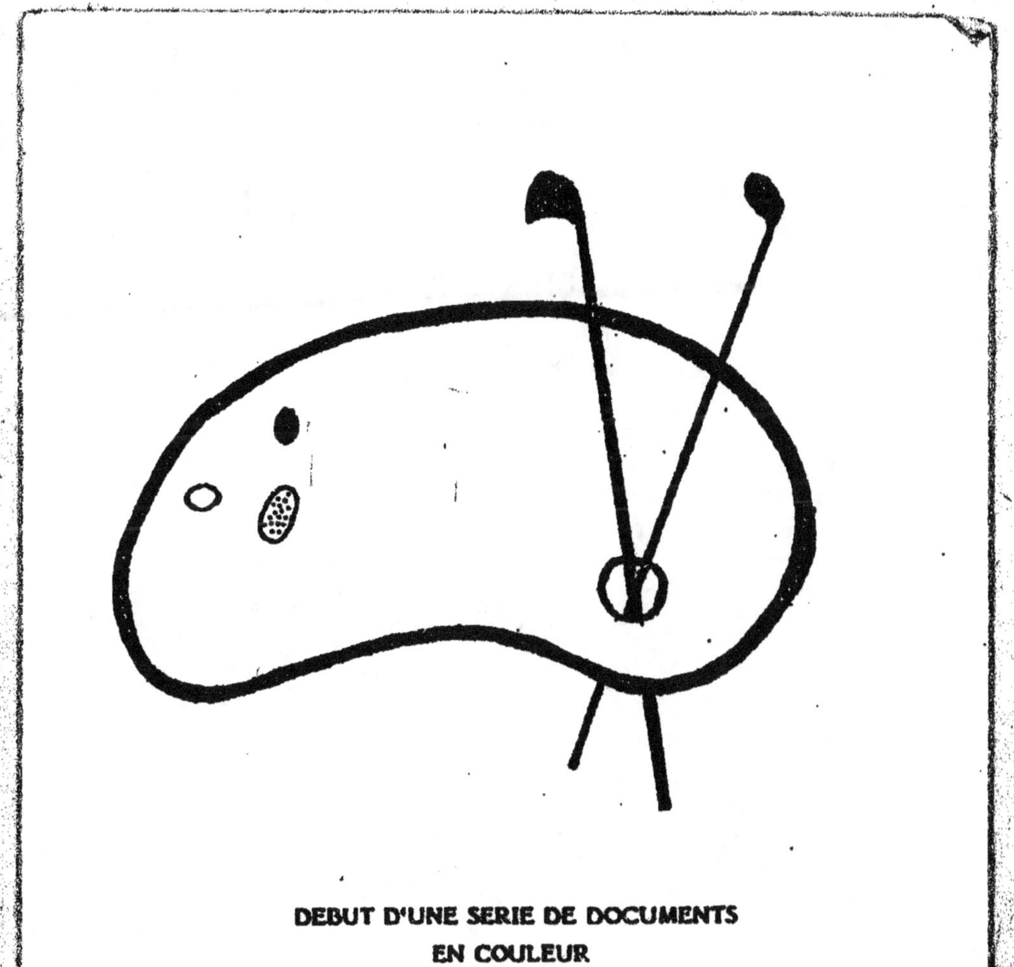

DEBUT D'UNE SERIE DE DOCUMENTS
EN COULEUR

MYSTÈRE DE L'EUCHARISTIE

APERÇU SCIENTIFIQUE

PAR

L'abbé M. CONSTANT

DOCTEUR EN THÉOLOGIE, LAURÉAT DE L'INSTITUT CATHOLIQUE DE PARIS

> La raison éclairée par la foi, aidée de la grâce, appuyée sur la science parvient à avoir des mystères les plus profonds une certaine intelligence.
>
> Conc. Vatic. de S. V, C. 4.

PARIS

LIBRAIRIE BLOUD ET BARRAL

4, RUE MADAME ET RUE DE RENNES, 59

1897

SCIENCE ET RELIGION

NOUVELLES ÉTUDES PHILOSOPHIQUES, SCIENTIFIQUES ET RELIGIEUSES

Collection de vol. in-12 de 64 pages *compactes*

Prix : 0 fr. 60 le vol.

Depuis longtemps les ennemis de la religion ne cessent de faire retentir dans tous les organes dont ils disposent : livres, journaux, revues, brochures, ce qu'ils appellent les « **RÉSULTATS CERTAINS DE LA SCIENCE MODERNE** » avec la conclusion clairement exprimée ou perfidement sous-entendue qu'il y a DÉSACCORD entre ces *résultats* et les *affirmations de la Foi*.

Nos savants catholiques n'ont pas manqué de répondre. L'ont-ils toujours fait de manière à rester facilement *accessibles à toutes les classes de lecteurs ?*

De nombreux et volumineux ouvrages d'apologétique ont été publiés mais précisément la méthode apologétique et le mot lui-même ne sont-ils pas dès l'abord suspects aux *incrédules* et même aux *indifférents ?* De l'examen de ces inconvénients est née l'idée d'une *collection* où les mêmes vérités seraient exposées dans le même but, mais sous une forme plus concise, plus claire, plus attractive, plus compréhensible pour tous, quoique très particulièrement *scientifique*.

Notre Bibliothèque des *Nouvelles études* sera RELIGIEUSE : sur tous les points l'enseignement catholique est le phare dont nous suivrons la lumière.

Mais elle sera en même temps et AVANT TOUT *une bibliothèque* PHILO-SOPHIQUE *et* SCIENTIFIQUE *destinée à faire connaître les principales manifestations de la pensée humaine dans la recherche de la vérité.*

Aussi ne s'interdira-t-elle pas l'exposé des solutions personnelles, originales. Elle comportera nombre de sujets qui n'intéressent que de loin la foi ou lui sont même étrangers. *Par là elle contribuera*, nous l'espérons, *à développer chez nos lecteurs l'esprit philosophique, les initiera et les habituera aux méthodes des sciences, aux procédés tout modernes de la critique historique ou de la philologie.*

Chacune de nos monographies aura pour but de faire connaître, sur chaque sujet, l'état actuel précis de la question et de donner le dernier mot de la science.

Aux gens du monde loyaux et consciencieux trop souvent arrêtés par les

CETTE COUVERTURE N'APPARTIENT PAS
AU VOLUME, ELLE A ETE RELIEE PAR ERREUR

— **L'Apologétique historique au XIX· siècle. — La Critique religieuse de Renan,** etc. par l'abbé Ch. Denis.   1 vol.
— **Nature et Histoire de la liberté de conscience,** p. l'abbé Canet. 1 vol.
— **L'Animal raisonnable et l'Animal tout court,** par C. de Kirwan.   1 vol.
— **La Conception catholique de l'Enfer,** par l'abbé Brémond,   1 vol.
— **L'Attitude du catholique devant la Science,** p. G. Fonsegrive,   1 vol.
— *Du même auteur :* **Le Catholicisme et la Religion de l'Esprit.** 1 vol.
— **Du Doute à la Foi,** par le R. P. Tournebize, S. J.   1 vol.
— *Du même auteur :* **Opinions du jour sur les peines d'outre-tombe.**   1 vol.
— **La Synagogue moderne,** sa doctrine et son culte, par A. F. Saubin. 1 vol.
— *Du même auteur :* **Le Talmud et la Synagogue moderne.**   1 vol.
— **Evolution et Immutabilité de la doctrine religieuse dans l'Eglise,** par M. Prunier, supérieur de grand séminaire.   1 vol.
— **La Religion spirite,** son dogme, sa morale et ses pratiques, par I. Bertrand.   1 vol.
— *Du même auteur :* **L'Occultisme ancien et moderne.**   1 vol.
— **L'Hypnotisme franc et l'Hypnotisme vrai,** par le Dr Hélot. 1 vol.
— **L'Eglise et le Travail manuel,** par l'abbé Sabatier.   1 vol.
— **Unité de l'espèce humaine,** *prouvée par la similarité des conceptions et des créations de l'homme,* par le marquis de Nadaillac.   1 vol.
— *Du même auteur :* **L'Homme et le Singe.**   2 vol.
— **Le Socialisme contemporain et la Propriété,** p. M. G. Ardant 1 vol.
— **Pourquoi le Roman à la mode est-il immoral et pourquoi le Roman moral n'est-il pas à la mode ?** par G. d'Azambuja.   1 vol.
— **Comment se sont formés les Evangiles,** par le P. Th. Calmes, professeur au grand séminaire de Rouen.   1 vol.

Viennent de paraitre :

— **L'Impôt et les Théologiens.** *Etude philosophique, morale et économique,* par le comte de Vorges, ancien ministre plénipotentiaire, membre de l'académie de Saint-Thomas, etc., etc.   1 vol.
— *Du même auteur :* **Les Ressorts de la Volonté et le libre arbitre.**   1 vol.
— **Nécessité mathématique de l'Existence de Dieu.** *Explications — Solutions — Démonstration,* par René de Cléré.   1 vol.
— **Saint Thomas et la Question juive,** par Simon Deploige, professeur à l'Université Catholique de Louvain.   1 vol.
— **Premiers principes de Sociologie Catholique,** par l'abbé Didiot.   1 vol.
— **La Patrie. —** *Aperçu philosophique et historique,* par J. M. Villefranche.   1 vol.
— **Le Déluge de Noé et les races Prédiluviennes,** par C. de Kirwan.   2 vol.
— **La Saint-Barthélemy,** par Henri Hello.   1 vol.

— **L'Esprit et la Chair.** *Philosophie des macérations*, par Henri Lasserre, auteur de *Notre-Dame de Lourdes*, etc., etc.   1 vol.

— **Le Problème Apologétique,** par l'abbé C. Mano, docteur en philosophie.   1 vol.

— **Le Levier d'Archimède ou la Mécanique céleste et le Céleste Mécanicien,** par le R. P. Ortolan.   2 vol.

— **Ce que le Christianisme a fait pour la femme,** p. G. d'Azambuja. 1 vol.

— **L'Hypnotisme et la Stigmatisation,** par le Dr Imbert-Gourbeyre. 1 vol.

— **L'Éducation chrétienne de la Démocratie,** *essai d'apologétique sociale*, par Ch. Calippe.   1 vol.

— **La Religion catholique peut-elle être une science ?** par l'abbé G. Frémont.   1 vol.

— *Du même auteur* : **Que l'Orgueil de l'Esprit est le grand écueil de la Foi,** *Théodore Jouffroy, Lamennais, Ernest Renan*.   1 vol.

— **La Révélation devant la Raison,** par F. Verdier, supérieur de Grand Séminaire.   1 vol.

— **Confréries musulmanes.** — *Histoire — Discipline — Hiérarchie*, par le R. P. Petit.   1 vol.

— **Pratique de la Liberté de conscience dans nos Sociétés contemporaines,** par l'abbé Canet.   1 vol.

— **Comment peut finir l'Univers,** d'après la science, p. C. de Kirwan 1 vol.

— **Les Théories modernes de la Criminalité,** par le Dr Delassus 1 vol.

— **Faillite du Matérialisme,** par Pierre Courbet, 3 vol. *se vendant séparément* :

I. — *Historique*.   1 vol.

II. — *Discussion ; l'atome et le mouvement*.   1 vol.

III. — *Discussion ; l'éther, le gaz, l'attraction. Conclusion.* — *Appendice*. 1 vol.

— **Le Globe terrestre,** par A. de Lapparent, Membre de l'Institut, professeur à l'École libre des Hautes Études. 3 vol. *se vendant séparément*.

I. — *La Formation de l'écorce terrestre*.   1 vol.

II. — *La nature des mouvements de l'écorce terrestre*.   1 vol.

III. — *La Destinée de la terre ferme et la Durée des temps*.   1 vol.

— **De la Connaissance du Beau,** *sa définition, application de cette définition aux beautés de la nature*, par l'abbé Gaborit, archiprêtre de la Cathédrale de Nantes.   1 vol.

— **Le Diable dans l'Hypnotisme,** par le docteur Ch. Hélot.   1 vol.

— **De la Prospérité comparée des nations protestantes et des nations catholiques,** *au point de vue économique — moral — social*, par R. P. Flamérion, S. J.   1 vol.

— **L'Art et la Morale,** par le P. Sertillanges, dominicain, docteur en théologie.   1 vol.

— **La Sorcellerie,** par I. Bertrand.   1 vol.

— **Qu'est-ce que l'Écriture sainte ?** *Les Livres inspirés dans l'antiquité chrétienne. Théorie de l'inspiration*, par le P. Th. Calmes.   1 vol.

Impr. des Orph.-Appr. d'Auteuil, D. Fontaine, 40, rue La Fontaine, Paris.

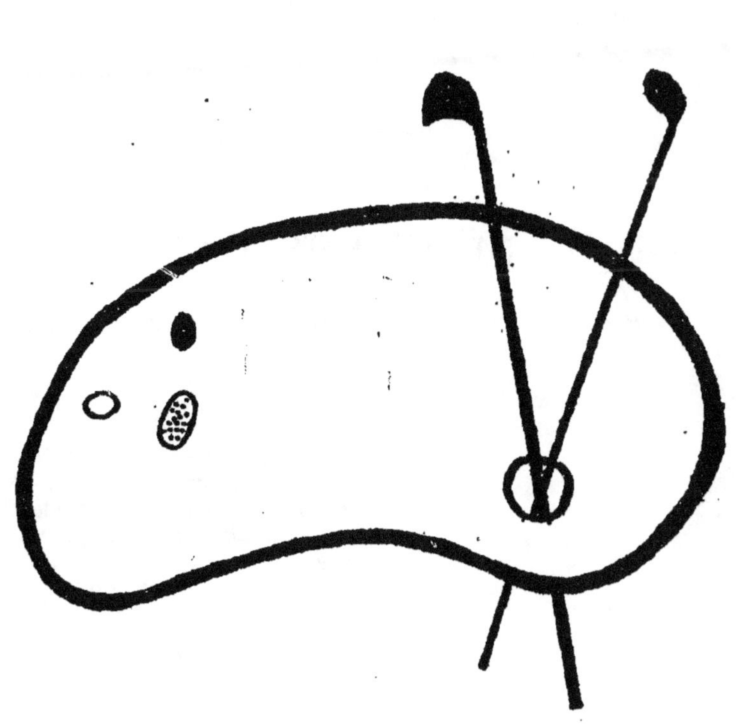

FIN D'UNE SERIE DE DOCUMENTS
EN COULEUR

SCIENCE ET RELIGION

Nouvelles Études

LE MYSTÈRE DE L'EUCHARISTIE

APERÇU SCIENTIFIQUE

PAR

L'abbé M. CONSTANT

DOCTEUR EN THÉOLOGIE, LAURÉAT DE L'INSTITUT CATHOLIQUE DE PARIS

> La raison éclairée par la foi, aidée de la grâce, appuyée sur la science parvient à avoir des mystères les plus profonds une certaine intelligence.
>
> Conc. Vatic. de S. V, C. 4.

IMPRIMATUR :

Niciæ. 3 Aug. 1897.

GIRAUD *v. g.*

PRÉFACE.

L'exposition et la défense de
la vérité peuvent et doivent se
modifier selon les besoins des
temps.

l'abbé DE BROGLIE.

La Doctrine chrétienne est l'ensemble des vérités
révélées, et la Théologie chrétienne est la science
qui a pour but de constater l'existence de ces vérités, d'indiquer les fondements sur lesquels elles
reposent et de développer les conséquences qui en
découlent au double point de vue dogmatique et
moral.

Divine dans son objet, la Théologie est donc
humaine dans son exercice et dans ses organes. Il
n'est donc pas étonnant qu'elle puisse, qu'elle doive
même varier ses méthodes, ses procédés d'enseignement, selon que l'exigent le temps, les lieux et les
circonstances. C'est en effet ce qui est arrivé. Elle
n'emploie guère au début que la méthode *positive*.
Mais bientôt, lorsqu'il s'agira de justifier la nouvelle
Religion des reproches formulés contre elle par
les païens et les Juifs, elle a recours à la forme *apologétique* et peu après on la voit revêtir la forme *philo-*

sophique, afin de se faire écouter avec plus de fruits par les disciples néoplatoniciens de Théophile d'Antioche et de Panthère d'Alexandrie.

L'ère des persécutions terminées, l'enseignement deviendra surtout explicatif, historique. Les Pères de l'Eglise se plairont le plus souvent à tirer de chaque dogme chrétien, les conséquences morales qui en résultent. Mais bientôt on put admirer les travaux de St Jean Damascène, de Clément d'Alexandrie et de St Augustin comme de brillants préludes aux grandes synthèses que dresseront Alexandre de Halez, St Thomas d'Aquin, Albert le Grand, Vincent de Beauvais et autres savants du moyen âge.

Le monde lettré fut si frappé, d'une part, de la grandeur et de la solidité de ces divers exposés où l'on remarquait tout à la fois le nombre et l'enchaînement des vérités théologiques et d'autre part des secours précieux qu'avaient fournis les sciences pour les confirmer ou les embellir, qu'il fut convenu d'appeler la théologie la reine des sciences, et les sciences les servantes de la théologie (1).

---

(1) C'était presque rappeler en d'autres termes ce qu'avait dit le plus célèbre des philosophes païens dix siècles auparavant. « Il y a trois classes de connaissances que l'homme doit s'efforcer d'acquérir : les Mathématiques la Philosophie et la Théologie. Cette dernière est la plus noble des trois, elle passe avant la philosophie, elle est une science divine, la plus divine de toutes les sciences. » Aristote, Métaph. VI.

Cette alliance de famille entre la Théologie et les Sciences produisit les meilleurs résultats. Nous ne rappellerons que les trois suivants que tout le monde connaît : 1° La conservation et la possession des ouvrages scientifiques des Anciens que le clergé séculier et régulier ne s'est pas contenté de se procurer à grand frais, mais qui n'a reculé devant aucun sacrifice pour les multiplier et les faire connaître. 2° La fondation par les Papes de cent trois Universités dont seize en France, et qui toutes comptaient d'habiles professeurs et de nombreux élèves sans rien coûter à l'Etat ; 3° le nombre étonnant des inventions et des découvertes dont le clergé et les ordres monastiques ont enrichi la science (1).

Hélas ! ces services n'ont pas toujours excité la reconnaissance. Dans notre siècle, en particulier, nous avons souvent entendu dire que l'enseignement de l'Eglise était un obstacle aux progrès des sciences. La publication des « *Nouvelles Etudes* » a pour but de montrer que ce reproche est mal fondé. Le premier opuscule a prouvé que *l'Existence de Dieu* était une *nécessité scientifique*, dans celui-ci nous démontrons que la croyance au mystère de l'Eucharistie n'offre pas plus de difficulté, à l'esprit humain, qu'une foule de faits dont la science démontre l'existence.

(1) *Montucla*, Histoire des Mathématiques.
Science et révélation, ou conception scientifique de l'Univers.

PREMIÈRE PARTIE.

But et objet de cette Etude. — Légitimité des recherches scientifiques pour faciliter la foi chrétienne. — Sens précis des termes techniques de la question. — La vérité et ses aspects divers. — Le mystère dans toutes les sciences. — Rôle de la raison dans l'examen des dogmes catholiques.

Tous les dogmes du christianisme s'accordent avec la raison ; de plus la raison connaît qu'ils s'accordent.

LEIBNITZ.

I.

1. Le Dogme Eucharistique plonge ses racines dans toutes les sources de la Révélation. Il a été prédit, annoncé, figuré dans l'ancien Testament ; nous le voyons promis, institué, recommandé et pratiqué dans le Nouveau. L'histoire nous le montre attaqué quelquefois par les ennemis de l'Eglise, et toujours victorieusement défendu. Tous les écrits des Pères en confirment l'existence, en proclament l'excel-

lence, et les titres seuls qu'ils lui donnent prouvent leur conviction à cet égard. Ils l'appellent « le Sacrifice qui, à lui seul, remplace tous ceux de l'ancienne loi, le Sacrement des Sacrements, le Corps, le Sang, la Chair de Jésus-Christ, l'immolation du vrai Isaac, l'holocauste du Salut, la rénovation du sacrifice du calvaire, le Saint des Saints, pain de vie, pain des anges, pain du Ciel, pain supersubstantiel, froment des Elus, vin qui fait germer les vierges, présent au-dessus de tous les dons, sainte Cène, le véritable agneau pascal, un prodige ineffable d'amour, la continuation et le complément de l'Incarnation, nourriture dont l'usage divinise l'homme, mémorial sacré de la Passion, abrégé de toutes les merveilles d'un Dieu, tout à la fois infiniment puissant et infiniment bon. » Enfin, ce dogme a été l'objet de l'examen attentif et des définitions solennelles des Conciles œcuméniques. On trouve ces preuves développées dans tous les traités de Théologie.

Il ne nous reste donc pour le justifier et le défendre qu'à trouver dans l'ordre scientifique des types, des emblèmes, des comparaisons, des faits et des symboles qui, par leur analogie avec la nature et les conséquences de ce mystère, en donnent une certaine intelligence et en rendent aussi la foi plus aisée et plus agréable.

Mais avant de donner la parole à nos *spécialistes en Science*, nous croyons utile de dégager les abords de la question ; premièrement, en réfutant les objec-

tions que la plupart de nos adversaires ont émises
sur la nature de la foi chrétienne ; secondement en
fixant le vrai sens qu'il faut attacher à certains mots
tels que *vérité, science, mystère,* et autres semblables,
qui sont vraiment techniques dans la question qui
nous occupe et une source d'erreurs s'ils sont mal
compris ; enfin en montrant que dans toute science
quelle qu'elle soit, ses adeptes admettent comme
existant une foule de faits dont ils ne peuvent expliquer ni la nature ni la cause.

II.

« *Le chrétien croit sans preuves* ». Une foi sans
preuve n'est qu'une superstition que l'Eglise elle-
même, loin d'approuver, condamne partout où elle
la découvre.

« *Vouloir démontrer un dogme, c'est le détruire* ».
L'Eglise n'impose aucun dogme qui ne soit appuyé
sur des motifs de crédibilité jugés suffisants par la
raison elle-même, et l'apôtre St Paul a déclaré que
« la soumission de l'esprit doit être raisonnable »
c'est-à-dire, appuyée et justifiée par de solides
motifs.

« *L'esprit se révolte, contre l'incompréhensible* ».
Non, c'est devant l'absurde seulement que l'esprit a
droit de se révolter. En présence de l'inconnu il ne

peut que se taire et la raison elle-même lui interdit d'appeler impossible ce qui n'est qu'obscur à ses yeux, et l'oblige de le croire existant si des preuves suffisantes prouvent son existence.

« Le savant ne se rend qu'à l'évidence personnelle ». Hélas c'est souvent le faux, le préjugé et quelquefois la passion qui tient lieu de l'évidence. L'expérience le prouve chaque jour, puisque les annales scientifiques ne sont qu'une continuelle exposition de systèmes divers tour à tour adoptés et rejetés. « En philosophie, dit Cicéron, il n'est pas d'absurdité que quelque philosophe n'ait soulevée. »

La science et la foi sont dissemblables et par conséquent contradictoires ». Et depuis quand est-ce que le défaut de similitude emporte la contradiction. Il arrive très souvent, au contraire, que deux êtres différents loin d'être incompatibles se complètent admirablement l'un l'autre. Le télescope n'est pas de même nature que l'œil, mais il en augmente admirablement la puissance.

«Chacune d'elles est irréductible à l'autre ». Ce serait bien fâcheux qu'il en fût autrement. Science et foi sont deux sœurs qui ont le même Père, Celui qui s'est désigné lui-même par ces deux noms : le *Révélateur* des mystères et le *Dieu des sciences.* Elles sont destinées à vivre toujours en paix et à s'aider mutuellement dans la recherche de la vérité, et non pas à s'annihiler l'une l'autre.

C'est impossible. « L'une enseigne les vérités positives,

l'autre la morale efficace ». Serait-ce vrai, il faudrait en conclure qu'elles se complètent mutuellement, loin d'être incompatibles. Respectez également ces deux autorités si cela vous plaît, mais de grâces, ne méprisez pas la seconde, celle qui est féconde en bonnes œuvres. Ses inventions, car elle en fait elle aussi, ne déparent jamais celles de l'Industrie et quelquefois les complètent et les corrigent très heureusement. A la suite des fusils, inventés par Gras et Lebel, et des canons fabriqués par Krup ou Armstrong, les nombreuses ambulances des filles de St Vincent de Paul et les brancards des Frères du bienheureux de la Salle ne sont pas déplacés. On est vraiment étonné de voir tourner en reproche ce qui devrait exciter l'admiration. Quand M. Taine écrivait les soi-disant axiomes que nous venons de citer, il considérait les choses avec les lunettes d'Hégel. S'il les eût quittées, il aurait vu que le simple bon sens comme la plus haute ontologie veulent qu'on juge de la nature de l'arbre par la nature des fruits qu'il produit, et que partout où l'on découvre le *bon* et le *beau*, le *vrai* s'y trouve aussi.

« *Aucun esprit sincère ne peut les embrasser à la fois* ». L'esprit humain serait bien mal constitué et la société bien malheureuse si la science et la foi étaient irréconciliables. L'histoire et l'expérience nous montrent qu'heureusement il n'en est pas ainsi.

C'est par centaine que nous pourrions citer les noms d'hommes aussi réellement savants que sincèrement croyants, depuis le précepteur du terrible Calife Abdel-Malek, Jean Damascène, qui fut tout à la fois, un grand mathématicien et un grand saint, jusqu'au P. Sechi, le Directeur de l'observatoire de Rome, dont la régularité édifiait ses frères en religion, en même temps que ses découvertes scientifiques étonnaient ses collègues en astronomie. Même, les difficultés du moyen âge, n'ont pas empêché les génies chrétiens de cultiver les sciences.

S'il se trouve dans ces temps difficiles dont le règne est si long. en Occident, quelques hommes dignes d'un âge plus éclairé et qui ont pris l'essor sur leurs contemporains, nous remarquerons qu'ils ont cultivé les mathématiques ou du moins, les ont apprécié avec justice. Tels furent le fameux Boëce, Alcuin dans le sixième siècle, le vénérable Bède, Cassiodore son disciple, le précepteur de Charlemagne dans le huitième ; Gerbert dans le dixième ; Albert le Grand, Roger-Bacon et quelques autres dans le treizième. (1) Tous ces personnages d'autant

(1) Et entre ces deux noms illustres, Jean Damascène et Sechi nous aurions pu nommer tous ces génies chrétiens : Ticho-Brahé, Keppler, Fermat, Descartes, Pascal, Euler, Leibnitz, Newton, Linnée, Jussieux, Réaumur, Boherahave, Hannemann, Sidenham, Huygen, Bernouilli, Cuvier, Champollion, Ampère, Cauchy, Dumas, Pasteur et une foule d'autres célèbres tout à la fois et par les progrès qu'ils ont fait faire à la science et par les sentiments religieux qu'ils ont toujours professés. Aucun ne s'est plaint d'être gêné dans ses découvertes

plus respectables qu'ils ont su se faire jour à travers de l'ignorance et de la barbarie de leur siècle ; ils aimèrent et estimèrent les mathématiques, et quelques-uns d'entre eux les cultivèrent avec ardeur témoin, Roger-Bacon dans les écrits duquel on trouve les germes de tant d'inventions brillantes (1). C'est Montucla qui s'exprime ainsi dans son *Histoire des Mathématiques* (1). Nous ajouterons que ce n'est pas seulement la pénétration d'esprit, la force de l'intuition qui semble s'accroître par l'union de la Science et de la Foi, on dirait que cette union est nécessaire pour que les facultés de l'homme puissent acquérir tout leur développement. Quelle imagination brillante et quelle sensibilité exquise ne remarque-t-on pas dans saint Basile, saint Chrysostôme, saint Bernard, Dante, Le Tasse, Milton, Klopstock, Malebranche, Fénelon, Racine, Chateaubriand?

par la Révélation, plusieurs ont formellement attribué leur succès au secours de ses lumières, tous l'ont constamment respectée.

(1) Montucla, T. 1, p. 20. Voici quelques-unes de ces inventions entrevues et presque décrites :

Orgues à tuyaux : *organa vocibus extraneis insonare.*

Ciments hydrauliques: *Madentes in aquâ marinâ siccantur.*

Torpilles, bombes, : *dura ingeniose solventur.*

Canard de Vaucanson : *Grues ruminant.*

Poupée parlant : *anguis œneus sibilat.*

Sphère armillaire : *Machina mundi, cœlum gestabile.*

Quelle érudition plus vaste que celle qu'ont montrée Origène, saint Isidore de Séville, Albert le Grand, Régiomontanus, Vincent de Beauvais, Denys le Chartreux, Pic de la Mirandole, Duns Scot, Huet. Quelle sagacité d'esprit et quelle justesse de critique n'admire-t-on pas dans Eusèbe, Baronius, Erasme, Bollandus, du Perron, Thomassin, Montfaucon, Pétau, Mabillon ! Quels jurisconsultes et quels publicistes ont mieux possédé la science des lois, que Thomas Morus, l'Hôpital, Talon, Séguier, Le Teillier, Suarez, Grotius, Pufendorff, Domat, d'Aguesseau ? Dans l'art de gouverner les peuples et la chose publique, quel philosophe incrédule s'est montré plus habile que Charlemagne, Suger, saint Louis, Richelieu, Ximénès, Colbert ? Qui a possédé le sentiment du beau à un degré plus élevé et déployé une puissance plus grande pour le réaliser que les Raphaël et les Michel-Ange ? Quels compositeurs se sont montrés plus souvent et plus heureusement inspirés que Pergolèse, Palestrina, Gluck, Haydn, Mozart, Rossini, Hermans, Gounod.

Non, non, la foi et la science ne sont pas des ennemies, ce sont deux sœurs véritables, deux amies intimes qui, dès qu'elles se sentent appuyées l'une par l'autre marchent plus sûrement, plus rapidement et plus longtemps dans le chemin de la vérité.

Qu'est-ce que la *vérité* ? On peut la considérer à deux points de vue. Le premier en elle-même ou objectivement, le second, subjectivement ou dans l'esprit humain. Considérée sous le rapport objectif ou absolu, la vérité s'identifie avec l'*être* ; c'est « l'être considéré comme intelligible » la vérité c'est tout ce qui est. » Considérée au point de vue subjectif, relatif ou logique, la vérité, c'est « l'équation de la pensée avec son objet » (1), c'est la représentation dans l'esprit d'une chose telle qu'elle est (2). L'esprit humain lui donne naturellement son adhésion dès qu'il l'aperçoit, mais elle ne se présente pas toujours de la même manière quels que soient les *criteriums* ou motifs de croire et la méthode que l'on emploie pour la trouver. Tantôt elle resplendit d'évidence, ce qui arrive toutes les fois que la raison perçoit clairement le lien qui unit les termes, les relations qui existent entre le sujet et l'attribut de la proposition qui la formule. Il en est ainsi dans les *axiomes*, les *vérités premières* et les conclusions que l'on en tire par une démonstration longue ou courte, mais claire, directe et rigoureuse. Tantôt, la vérité se cache en partie ; on remplace par une hypothèse la cause *ignorée* des effets que l'on constate, la liaison de la conséquence avec son principe ne

(1) Adœquatio intellectûs et rei.

(2) La vérité dans les choses c'est l'être même, la vérité dans l'esprit c'est la manifestation de l'être. R. P. Lavy. *La quinzaine, Revue bimensuelle*, 1ᵉʳ novembre 1894, page 72.

paraît que probable, on a recours à des démonstrations indirectes, on ne parvient à saisir que la fausseté de la proposition contraire. Tel est par exemple le résultat des arguments *ab absurdis.* « La preuve par exclusion, dit Bacon, est une sorte d'ignorance. »

Enfin, d'autres fois, la vérité se présente couverte d'un voile encore plus épais, on est en face d'un *mystère*, c'est-à-dire d'une *vérité* dont la présence peut nous être attestée par des preuves suffisantes pour y croire, mais dont notre raison ne voit pas l'évidence intuitive, c'est-à-dire, n'aperçoit pas clairement la relation, le lien qui unit le sujet à l'attribut. Cela arrive lorsque la proposition qui la formule se compose de termes dont on ignore la signification exacte, précise et entre lesquels, par conséquent, on ne peut saisir ni convenance ni répugnance.

Est-ce dans toutes les sciences que la vérité revêt ces formes et ces costumes divers ? Absolument dans toutes, aucune n'a le privilège de la contempler constamment et toujours sans obscurité et sans voile. Les sciences exactes elles-mêmes, se trouvent sous ce rapport dans les mêmes conditions que les autres. Donnons quelques exemples. « La somme des parties égale le tout. — La ligne droite est le plus court chemin d'un point à un autre. » Voilà des vérités qui apparaissent immédiatement dans tout leur éclat, elles s'imposent par leur seul énoncé. « Moins multiplié par moins donne plus ». — Moins divisé par moins donne plus ». Ces deux propositions que l'on trouve en tête de tous les traités d'Algèbre sont aussi vraies que les précédentes, mais l'esprit n'en saisit pas aussi facilement l'évidence intrinsèque. « La solidité de la sphère égale les deux tiers de celle du cylindre circonscrit. — Le rapport de la diagonale au côté est incommensurable ». Ces théorèmes sont pleins d'obscurité pour un élève qui ne sait pas encore ce qu'il faut entendre par les mots sphère, cylindre, solidité, circonscription, hypoténuse, ou qui le sachant, a fait de vains efforts pour suivre les démonstrations où l'on en fait usage. Et ces démonstrations n'arrivent jamais à reposer sur des opérations qui donnent un résultat net et sans reste.

« Une branche d'hyperbole et son assymtote se rapprocheront toujours, sans jamais se rencontrer quelque loin qu'on les prolonge. » Ici, encore, aucune évidence intrisèque proprement dite n'est possible et cependant c'est vrai.

C'est à tout moment que dans les sciences surnommées exactes, on ne procède que par des *à peu près* (1).

_____

(1) Les Problèmes suivants, par exemple, et il y en a d'autres ne donnent jamais que des résultats approximatifs ;
Trouver la racine carrée d'un nombre premier ;
Déterminer la surface d'un cercle ;
Trouver la fraction d'une caractéristique dans les Logarithmes ;
Distinguer l'erreur absolue d'une donnée, de l'erreur relative d'un calcul ;

Même phénomène en mécanique. « Il faut augmenter la force à proportion de l'obstacle à vaincre. — Tout corps qui en choque un autre, cède tout ou partie de son mouvement. » Rien de plus évident. « A la descente, le nombre de tours des roues, correspond toujours à un chemin plus grand que le chemin parcouru. — Un mobile peut rebondir avec une vitesse supérieure à celle qu'il avait avant le choc. » C'est aussi vrai, mais beaucoup moins clair. La thermo-dynamique nous impose à croire et avec raison, que dans certains cas « un corps moins chaud peut céder de sa chaleur à un corps plus chaud ». C'est encore paradoxal, et cependant c'est vrai. L'astronomie pareillement, débute par une suite de propositions dont on démontre mathématiquement la vérité, mais bientôt elle arrive, elle aussi, au controversé, à l'inconnu, au mystère. Quelle est la nature de l'attraction universelle ? Existe-il un soleil central qui attire tous les autres? — D'où vient la rapidité effrayante de la course des comètes ? — Quelle est la nature de ces astres dont la queue atteint quelquefois la longueur

Evaluer le rapport de la diagonale à un des côtés du carré. Et la quadrature du cercle ! et la divisibilité de la matière à l'infini ! vraiment on serait tenté d'appeler les sciences exactes les sciences *des à-peu-près* ; même le point de départ n'est pas toujours évident.

Les physiciens et les mathématiciens eux-mêmes se contentent quelquefois de supposer un principe admis mais non prouvé qu'ils appellent *desiderata, postulata*, vérités crues mais non démontrées.

de quarante millions de lieues ? Quelle est l'origine des aérolithes ? Toutes ces questions et cent autres n'ont pas encore obtenu une réponse qui ait mérité l'adhésion de tous les astronomes.

Quant aux sciences physiques et naturelles, on l'a cent fois remarqué, elles sont pleines d'obscurités et de mystères. Les savants qui les cultivent, admettent une foule de choses qu'ils déclarent eux-mêmes ne pas comprendre. Quoi de plus clair en apparence que la lumière. En fait, rien n'est plus obscur. Quel est donc l'essence intime de cette chose, qui invisible de sa nature, prend un éclat éblouissant par la réflexion ? dont la source principale est le soleil, mais que l'on voit jaillir aussi des veines d'un caillou, du bout d'une allumette et quelquefois du coin de l'œil au milieu d'une obscurité complète ; qui paraît blanche et colore la nature de mille nuances diverses ? Qui emprunte, sans l'appauvrir, la couleur du verre qu'elle traverse, qui s'arrête ordinairement devant une feuille de papier noir et quelquefois traverse et rend transparent même la planche qui forme une cassette et le cuir plus ou moins épais qui la recouvre ; dont les rayons lancés par tous les corps célestes se pénètrent, se traversent, se mêlent, s'enchevêtrent dans l'espace, sans dévier de la ligne droite et sans ralentir une course dont la rapidité est de 75,000 lieues par seconde ? Qui, en voyage depuis longtemps, nous apporte intacte l'image d'une étoile disparue peut-être depuis son départ ? Qui, parcourant des espaces sans mesure, garde fidèlement son acte de naissance, et interrogée par le spectre solaire fait connaître la composition chimique de l'astre qui l'a lancée? Qui se cache dans tous les corps et n'appartient à aucun? Qui consume ordinairement l'objet d'où elle se dégage et quelquefois le laisse intact? Qui est peut-être simple de sa nature et où l'on a déjà découvert trois classes de rayons aux propriétés différentes? Qui prend ordinairement la chaleur pour compagne et quelquefois la laisse produire ses effets les plus intenses sans se joindre à elle? Qui s'éparpille sur un espace de dix lieues carrées et revient peindre sur le point microscopique de la rétine, l'image de tous les objets qu'elle a frappés?

Est-ce une émanation, comme le croyait Newton? Est-ce une ondulation, comme le prétendait Descartes? Est-ce une *force* réelle? Est-ce un moyen, un simple *mode* de la nature comme l'assure Growe, et beaucoup d'autres après lui? Cette diversité de systèmes prouve à elle seule, que la question est encore à résoudre et qu'on en est à peu près au même point que du temps d'Aristote, définissant la lumière : « l'acte du transparent en tant que transparent. »

C'est à tout moment que le savant est obligé de croire ce qu'il ne peut expliquer. Toutes les réalités de la Création démontrent avec éclat que le mystère s'impose à la science. « Le mystère est la fatalité de la science. » C'est le P. Félix qui a prononcé ces paroles du haut de la chaire de Notre-Dame et le groupe nombreux de savants qui suivaient ces conférences, loin de protester, murmurèrent tous : « Ce n'est que trop vrai ». (1).

N'est-ce pas un spectacle tout à la fois instructif et amusant, de voir des Docteurs ès *sciences médicales et autres*, demeurer muets quand on leur demande une définition acceptable de la vie ; ou honteux de leur silence, en donner d'aussi ridicules que fausses.

Ecoutons-les un instant :

La vie, c'est une forme spéciale et très compliquée de mécanique. VIRCHOW.

C'est l'épuisement de la puissance organisatrice. MILNE-EDWARD *Lec. de philos.*

(1) Voici l'aveu formel de quelques-uns : non seulement l'essence de la matière nous est inconnue mais nous ne connaissons pas même toutes les propriétés de la matière à l'état normal et ordinaire. ALEXANDRE HUMBOLDT *Kosmos* T. 1, p. 81.

Nous ne pouvons rien savoir sur la cause fondamentale des choses, rien sur leur pourquoi. (BUCHNER).

Le comment et le pourquoi est un mystère auquel on tâche de suppléer par des hypothèses. (FAYE).

Les sciences naturelles ne peuvent résoudre le problème de la création. (VIRCHOW).

La question des origines sera éternellement pour l'homme une question insoluble. (BROTHIER).

L'avenir de la vérité et l'intérêt de la science prescrivent que lorsque des sciences naturelles sont arrivées au bout de leur sagesse, l'homme cherche à se former sur les questions importantes des opinions arrêtées mais en recourant à d'autres moyens. (WACTZ) *Anthropologie*, 1, 232.

La nature des êtres nous sera éternellement inconnue. LA PLACE. *Système des Mondes.* L. 1 et 2.

C'est la propriété de résister à la fermentation putride. Sthael.

C'est la manière d'être distinctive des êtres organisés. Nysten.

C'est un principe particulier apporté du soleil par un aérolithe.   Thomson.

Ce n'est autre chose que la lumière.   Moleschott.

C'est un nuage animé par l'arrivée d'une âme en métempsycose.   J. Reynaud.

C'est un effet produit par les rayons du soleil au fond de la mer.   Figuier.

La vie, c'est le passage de l'homogène à l'hétérogène. Spencer

Rideatis...! Il était difficile de se moquer mieux et de la science et du lecteur.

Même ignorance et même tautologie quand il faut définir la mort.

La mort, c'est la défaite du principe vital. Michat. *Rech. philos.*

C'est l'effet de l'usure de l'organisme. Mauvas. *Rech. expér.*

C'est l'affaiblissement de la puissance vivifiante. Fr. Bouiller, *Le pr. vit.*

Le changement dans les conditions de la vie. Barthez, *nouv. élém.*

Il en est un toutefois qui a été plus heureux.

« L'âme loin d'être le résultat de l'action des parties, est une substance, un être réel, qui par sa présence inspire aux organes tous les mouvements dont se composent leurs fonctions, qui retient liés entre eux les divers éléments employés par la nature dans leur composition régulière et les laisse livrés à la decomposition, du moment qu'il s'en est séparé définitivement et sans retour. » (a).

(a) Revue Française. Déc. 1838.
A. Nicolas, *Etud. philos.* I, 122.

Ces paroles sont du docteur Cabanis qui, après avoir longtemps professé l'athéisme et le matérialisme a été amené peu à peu et par la seule force de l'observation à faire une confession spiritualiste dont la fin rappelle cette réponse du catéchisme :

« La mort c'est la séparation de l'âme d'avec le corps. »

Le chimiste admet l'atome, comme premier élément de la matière, il n'a jamais pu en isoler un seul. Le physicien, admet l'éther, il ne l'a jamais vu, et un d'entre eux, Yung, le traite *d'hypothèse*.

Le naturaliste constate la circulation du sang dans les animaux et de la sève dans les végétaux, et il ne peut en expliquer la cause. Les philosophes démontrent que l'homme est composé d'une âme et d'un corps et se déclarent impuissants à expliquer l'union de ces deux éléments dont la nature est si différente.

Dans tous les ordres de connaissances, la nécessité de croire une foule de choses sans évidence intrinsèque se rencontre tôt ou tard. « Partout la raison humaine, fière d'abord de pouvoir faire sûrement quelques pas dans le domaine de la vérité, se convainc bientôt de son impuissance en face des obstacles qu'elle ne peut surmonter.

III.

En est-il ainsi en théologie ? Nécessairement. Si l'on découvre des mystères dans toutes les sciences, il ne faut pas s'étonner qu'il y en ait dans la théologie. La théologie est une science, elle aussi, et des plus belles et des plus élevées, mais son excellence même impose une limite aux investigations d'une raison bornée. Elle est divine dans son objet et elle est humaine dans ses procédés, et comme, d'une part, les vérités qu'elle étudie appartiennent le plus souvent à l'ordre surnaturel, et que, d'autre part, l'esprit de l'homme le plus instruit est à des degrés divers, sans doute, mais toujours limité, il en résulte nécessairement qu'il doit être satisfait dans certains cas, d'être arrivé à constater l'existence d'un dogme révélé, sans prétendre en acquérir une compréhension parfaite. « Dieu existe, l'âme est spirituelle — l'homme est libre ». — Voilà trois propositions de foi, que la raison réduite à ses seules forces peut démontrer (1).

Au contraire, celles-ci : « Il y a trois personnes en

___

(1) Ratiocinatio Dei existentiam, animæ spiritualitatem, hominis libertatem cum certitudine probare potest.

Pius ix, 11 juin. 1855.

Dieu — le Fils de Dieu s'est fait homme — Jésus-Christ est réellement et substantiellement présent dans le Sacrement de l'Eucharistie » sont plus ou moins obscures.

Mais, claires ou obscures, toutes les vérités révélées, sont également croyables, puisqu'elles reposent toutes, sur de solides motifs de crédibilité, et en dernière analyse, sur la véracité divine.

Il faut remarquer, en effet, qu'avant de croire, la foi donne toujours une triple mission à la raison. La première c'est d'établir avec ses seules ressources les motifs de crédibilité et les vérités naturelles qui servent de préambules à la foi.

La seconde de donner son avis sur la nature même de la proposition révélée, laquelle dans aucun cas ne peut et ne doit contenir aucune absurdité ; la troisième de confirmer, élucider et défendre la vérité par tous les moyens que les sciences peuvent mettre à sa disposition. Une simple comparaison, une seule analogie suffisent quelquefois pour mettre une proposition obscure, au premier abord, dans une demi-clarté qui est à l'évidence ce que l'aurore ou le crépuscule est au plein jour (1). Peut-on dire après cela que science et révélation sont irréconciliables ? que la religion, la philosophie sont produites par des

____

(1) S. Thomas, super Boec. q. 11, n. 3.

facultés qui s'excluent, et que en présence d'un dogme, il ne s'agit pas de demander des motifs de croire, mais qu'il faut aussitôt dire « Vous l'enseignez, ça va bien, je crois » comme le veut M. Jules Lemaître ? Ou qu'il faut simplement, comme le disait M. Taine : « Aller à la messe, prendre de l'eau bénite et courber la machine ? » Ou avec les collaborateurs de Larousse : « Il en est de l'article de foi comme d'une pilule, si vous la mâchez jamais vous ne pourrez l'avaler ? »

Vraiment on ne peut se défendre d'un sentiment de tristesse en voyant, avec quelle légèreté et sur quel ton, la plupart de nos écrivains modernes parlent des questions qu'ils ignorent (1), et qui sont pour l'homme d'un intérêt suprême. Ils auraient bien dû se rappeler cette réponse de nos contemporains, Droz, Lerminier, Augustin Thierry, Frédéric Schlegel, Joseph Gœrès et Maine de Biran, répondant à ceux qui leur reprochaient d'avoir sacrifié les droits de la raison en devenant chrétiens : « Au contraire, dirent-ils, nous n'avons sacrifié que des préjugés et des passions, et n'avons fait qu'obéir pleinement à la raison. Lacordaire, revenu lui aussi de l'incrédulité, a écrit ces paroles : « L'orgueil ne mé-

______

(1) Hi autem quæcumque quidem ignorant, blasphémant. Ind. 10.

prise les mystères du christianisme qu'en s'insultant lui-même. » Avant lui, Leibnitz avait dit que « ce qui en nous est contraire aux mystères, n'est pas la raison, ni la lumière naturelle, ni l'enchaînement des vérités, c'est corruption, c'est erreur ou préjugés, c'est ténèbres » (1).

Nous devons aussi un mot de réponse à des esprits droits et croyants qui nous ont observé que c'était peut-être téméraire et dangereux de demander aux sciences profanes des secours pour faciliter à la raison la croyance d'un mystère clairement enseigné par l'Ecriture Sainte et formellement défini par l'autorité infaillible de l'Eglise ; quelques-uns même ont ajouté qu'une explication adéquate pourrait devenir dangereuse et exposer l'esprit humain à ne l'admettre que comme un fait naturel.

Nous répondrons d'abord aux derniers qu'ils peuvent être tranquilles. Les sciences admettent il est vrai des suppositions et constatent des phénomènes qui ont des analogies étonnantes avec ceux que supposent le mystère de l'Eucharistie, mais l'esprit humain borné de sa nature ne pourra jamais avoir une connaissance complète d'un fait opéré par la puissance et l'amour d'un Dieu dont les attributs sont infinis, quelque explication que l'on puisse en

____

(1) Théodicée, discours sur la conformité de la foi et de la raison, n° 61.

donner, il restera à la raison humaine l'obligation et le mérite de croire une vérité que Dieu a révélée.

Quant à ceux qui regardent comme dangereuse l'immixtion de l'esprit scientifique dans l'apologétique chrétienne, il suffira pour calmer leurs inquiétudes de leur rappeler que le même Dieu qui a révélé les mystères a bien voulu s'appeler lui-même « le Dieu des Sciences », que s'il a menacé « d'écraser l'orgueilleux du poids de sa gloire » il a promis de se révéler aux humbles et de donner l'intelligence aux petits. D'autre part nous savons que saint Paul a blâmé les payens de ne s'être pas servi des merveilles de la création pour arriver à la connaissance du Vrai Dieu. Il est donc non seulement permis mais louable (1), d'emprunter aux sciences tous les arguments qu'elles peuvent nous fournir pour prouver les Vérités chrétiennes et découvrir la véritable source d'où elles découlent toutes. Etudier l'ouvrage et constater ses mérites divers est le meilleur moyen de découvrir et de montrer les mérites de l'ouvrier.

____

(1) Voyez l'exergue qui suit le titre de ce livre et qui est tiré du Concile du Vatican et les propres paroles du pape Pie IX citées à la dernière page du livre.

DEUXIEME PARTIE.

L'EUCHARISTIE ET LA SCIENCE.

Etat de la question. — Les quatre phénomènes auxquels se rapportent tous les autres. — 1° changement de susbtance : analogies tirées des trois règnes de la nature. Hypothèse des physiciens, métamorphoses diverses. — 2° Phénomènes de réduction, micrographie, photographie, homéopathie, les infusoires, *in modum substantiæ*. — 3° Permanence des modes : relations entre la substance et les modes; modes changés, quittés, repris : modes existant non aperçus, aperçus non existants, inhérence suspendue, divers suppôts. — 4° Présence simultanée : sa possibilité, phénomènes analogues ; rayonnement substantiel d'une force, multilocation végétale, propriété de la substance,. analogies diverses tirées du monde physique, du règne animal. — Conclusions.

Dieu a fortifié la rationabilité des mystères, par des analogies leur servant à la fois de cortège et de contre-épreuve.
Swetchine. Médit. 100.

I.

La présence réelle, personnelle et permanente de Jésus-Christ dans l'Eucharistie est regardée avec raison comme un des mystères les plus obscurs et les plus difficiles à justifier que présente à notre foi la doctrine catholique. Il peut se résumer en un seul mot la *transsubstantiation*, mais ce seul mot suppose quatre choses, dont chacune au premier abord semble dérouter complètement la raison humaine.

La première est le *changement de substance*, puisque le pain et le vin, matière du sacrement, sont convertis par la consécration au Corps et au Sang de Jésus-Christ.

La seconde est la *permanence des modes*, la figure, l'étendue, la couleur, le goût et autres modes ou accidents qui affectaient le pain et le vin avant la Consécration, subsistent après pour cacher la nouvelle substance.

La troisième est la concentration ou *réduction des proportions*, puisque Notre-Seigneur est contenu tout entier, corps, âme, sang, divinité dans un espace extrêmement restreint, tel qu'une miette de pain, une goutte de vin.

Enfin, la quatrième est la *présence simultanée en plusieurs lieux*, puisque la même personne est en même temps présente au Ciel, à la droite de son Père et dans tous les lieux de la terre où l'on opère et conserve le Sacrement de l'Eucharistie.

C'est en faisant allusion à ces divers phénomènes et aux graves difficultés que l'on rencontre en voulant les expliquer que le P. Ventura a dit : « Rien n'est plus abstrait et plus impénétrable que le mystère du Sacrement de l'Eucharistie. » On a beau se rappeler que d'après les données de la Révélation, ce mystère repose sur les preuves les plus irréfragables, ce qui faisait dire au P. Faber : « C'est une question de pure évidence, » que les paroles de la promesse, celles de l'institution, les explications des apôtres, l'enseignement des Pères, la pratique de l'Eglise, la décision des Conciles généraux ; tout est d'une clarté et d'une force sans réplique. Nonobstant tout cela, on se demande malgré soi « comment ces prodiges peuvent être possibles ».

C'est dans la préoccupation des mêmes pensées, que M. Boullier, publiciste Hollandais, à dit qu'une hypothèse, qui expliquerait physiquement tout ce qui paraît dans la transsubstantiation d'incompatible avec la notion des corps serait le plus curieux des phénomènes. »

Un philosophe du moyen âge est allé plus loin, il appelle la religion chrétienne « une religion impossible à cause de l'Eucharistie ». S. Thomas n'eut garde de laisser sans réponse les paroles du philosophe Arabe, qui exprimait la même pensée, et c'est peut-être aux attaques violentes d'Averroès et de ses contemporains que l'on doit, en partie, ces travaux admirables, où le Docteur angélique, tour à tour théologien, philosophe, savant, orateur et poète, considère l'Eucharistie, comme un dogme qu'il précise, comme un sacrement dont il montre l'excellence, comme un sacrifice, dont il énumère les mérites et, ensuite, comme un mystère, dont il importe, dit-il, de montrer la possibilité, même aux infidèles. Ce qu'il fait lui-même, puisque après avoir établi les.

fondements théologiques, il s'efforce de montrer que les sciences physiques de son temps, ne contenaient rien qui ne permît d'en concevoir la possibilité (1). Les progrès des sciences devaient fournir des faits nouveaux, pour prouver ce qu'avançait l'Ange de l'Ecole, il y a six siècles. Le dogme de l'Eucharistie ne peut plus aujourd'hui être considéré comme le plus anti-scientifique, le plus incroyable de tous. Il semble, au contraire, que Dieu s'est plu à multiplier les phénomènes naturels, qui en rendent la croyance facile. Des phénomènes analoguesaux quatre que nous venons d'énumérer et qui se reproduisent à chaque célébration de messe, sont fréquents dans la nature et la plupart s'exécutent quand on veut dans les laboratoires de la science.

II.

Commençons par le changement de substance. Ce n'est pas là le prodige qui doit le plus étonner. La création est plus difficile à concevoir que ce changement. Celui qui a tout fait de rien, peut bien changer une substance en une autre. Des exemples de conversions plus ou moins analogues à la transsubstantiation eucharistique arrivent tous les jours sous nos yeux.

Dans le règne minéral, des changements substantiels ont lieu par le seul contact de deux corps qui

____

(1) St Epiphane, au cinquième siècle avait déjà dit : « La science a toujours été d'accord avec l'Eucharistie. »

réagissant l'un sur l'autre, en forment un troisième dont les éléments, la structure et les propriétés, diffèrent des premiers. Tel est le résultat des nombreuses combinaisons que l'on fait en chimie des acides et des bases, pour former les sels. A la seule température de l'arc voltaïque, divers solides, tels que le bore et le silicium, perdent les modes qui les affectent ordinairement pour prendre ceux qui caractérisent les gaz et les liquides et le diamant perd sa substance qui est changée en celle du graphite. Une étincelle électrique pénétrant dans un vase fermé qui ne contient que de l'air, change cet air en eau instantanément.

Dans le règne végétal, la même sève composée des mêmes éléments, aspirée par les mêmes racines, se change en moelle spongieuse, en tissu fibreux, en couche herbacée, en écorce persistante, en épine cornée. C'est la même sève, qui donne à la feuille son parenchyme, à la fleur ses parfums, aux fruits leur saveur. Cette sève, le blé et la pomme de terre, la transforment en fécule, la canne et la betterave en sucre, le chanvre et le lin en fil, la vigne en vin, l'olivier en huile, les conifères en résine, le pavot en opium, le figuier des Indes en caoutchouc, le laurier de Bornéo en camphre et le strycnos vomique de l'Océanie en poison redoutable.

Dans le règne animal, le même bol alimentaire forme le même chyle, qui aspiré par les mêmes vaisseaux va se changer en sang, lequel à son tour, se change en humeurs, en tissus, en solides divers, os, ongle, corne, ivoire et autres éléments qui composent le corps humain. Balzac a raison, quand il fait dire à une mère, qui allaite son enfant. « On voit ce que devient le lait. Il se fait chair, il fleurit au bout de ces doigts mignons, qui ressemblent à des fleurs, et qui en ont la délicatesse. Il grandit en ongles fins et transparents, il s'effile en cheveux, il s'agite avec ses pieds. »

L'analogie de ces phénomènes avec celui que suppose le mystère de l'Eucharistie a été remarquée il y a longtemps. Sérapion le scolastique qui vivait au quatrième siècle l'employait lui-même pour calmer les inquiétudes qu'éprouvaient à ce sujet ses contemporains, et saint Grégoire de Nysse qui vivait vers le même temps ne craignit pas de la rappeler en ces termes : « Quand Jésus-Christ, était visiblement sur la terre, le pain et le vin qui formaient sa nourriture de tous les jours, transformaient leur substance en la substance du Fils de Dieu, quelle répugnance y a-t-il à admettre que la substance du pain et du vin se change aujourd'hui en la substance de Jésus-Christ, non par le long travail des sucs de l'estomac, comme autrefois, mais par un acte instantané de sa puissance infinie ? Si on admet l'hypothèse des physiciens qui soutiennent que les premiers atomes de la matière sont tous de même nature, la conversion d'un corps en un autre est encore plus facile à concevoir, puisque dans ce cas, les corps ne diffèrent entre eux que par l'arrangement des molécules.

Inutile de nous appesantir sur ce point, l'esprit humain conçoit si facilement la possibilité d'un changement de substance, qu'un poète païen a composé un long poème, dont chaque livre contient une ou plusieurs métamorphoses qui sont des espèces de *transsubstantiations* (1). « Nier la possibilité de la transsubstantiation, dit Feller, c'est nier la puissance de Dieu, et par conséquent, c'est nier Dieu lui-même, puisque c'est refuser à Dieu le pouvoir de détruire un morceau de pain et de cacher un corps humain sous ses apparences ».

II.

Passons à la concentration, à la réduction des proportions. Est-il possible que le Corps de Notre-Seigneur, puisse être contenu intégralement dans un espace à peine sensible ? Je ne vois là aucune difficulté, dit encore Leibnitz ; on démontre qu'un espace aussi petit qu'on voudra le supposer, peut contenir une quantité indéfinie de parties. »

Les progrès de la science ont changé cette possibilité en faits éclatants. Elle nous montre tous les jours dans la nature des phénomènes analogues à

(1) *Les Métamorphoses d'Ovide.*

celui que la foi catholique admet dans le Sacrement de l'Eucharistie.

Le microscope signale des organismes complets et souvent très compliqués, dans des espaces où l'œil le plus perçant ne découvrait absolument rien.

La photographie concentre tous les points d'un immense paysage dans une surface qui n'a pas un millimètre carré.

C'est en rappelant des merveilles de cette nature que l'abbé Moigno a pu écrire avec vérité : « Tous les atomes du corps et du sang de Jésus-Christ sont là où était la substance du pain et celle du vin, et quoique réunis dans un espace presque invisible, ils y sont tous sans confusion, parfaitement distincts et séparés l'un de l'autre. Si toute comparaison n'était pas défectueuse, nous dirions qu'ils y sont comme toute la surface du soleil avec ses accidents, ses taches, ses focales, ses granules, sa chaleur, et sa lumière est présente au foyer infiniment petit d'une lampe grossissante. »

L'homéopathie poursuit l'efficacité d'un remède jusqu'à la trentième décimale.

Dans une espèce d'infusoire, les *polygastriques*, chaque individu possède une centaine d'estomacs et l'animalcule tout entier n'égale pas la trois centième partie d'un millimètre (1).

_____

(1) Il existe des microzoaires d'une telle ténuité que pour faire le poids d'un gramme il en faut le nombre effrayant de onze

Un physicien, Robert Hook, a compté dans une goutte d'eau, du volume d'un grain de millet, jusqu'à 45,000 animalcules.

Il faut 47 millions d'infusoires de corail pour peser 50 milligrammes. Dans un pouce cube de *tripoli*, dont le soldat se sert pour astiquer son fourniment, Schleedem a trouvé quarante et un mille millions de galionnelles.

La dimension et la quantité ne sont que des accidents en philosophie. Une âme et un corps, voilà les deux éléments qui forment le composé humain. Or, l'âme n'occupe pas d'espace et pour le corps, peu importe, qu'il ait six pieds de taille, ou seulement deux lignes, ou même qu'il n'occupe

cent millions. Les atomes chimiques d'un cube de métal de deux millimètres sont si rapprochés qu'ils égalent le nombre qu'on obtient en élevant le chiffre vingt millions à sa troisième puissance, c'est-à-dire huit millions de millions d'atomes. (8.000.000.000.000.000).

Voir *Architecture des atomes*, par Gaudin.

Merveilles du monde invisible, par Fouvielle.

Le monde des infiniment petits, par l'abbé Pioger.

L'œil de la mouche-dragon se compose de 26,000 facettes, chacune de 3 cercles, total 78,000 cercles visibles. — Hooke.

Mille nummulites ne pèsent pas 5 centigrammes. — Humboldt.

Le Monas n'atteint pas les trois millièmes d'un millimètre. — Eremberg.

Un vibrion a l'épaisseur d'un millième de millimètre. — Nollet.

25,000 infusoires n'égalent pas réunis la valeur d'une unité. — Malézienne.

qu'un espace aussi restreint que l'on voudra. Quelle que soit donc la dimension de la parcelle du pain consacré, rien n'empêche que l'Homme-Dieu ne s'y trouve tout entier comme dans l'hostie la plus grande. La quantité matérielle n'est qu'un simple accident qui, dans les corps, peut varier à l'infini.

Mais l'objection tirée de la réduction *ad punctum* est résolue plus simplement encore. L'Eglise permet de croire que la présence réelle de l'Homme-Dieu, dans le Sacrement de l'Eucharistie, n'y est pas à la mode ordinaire des corps, mais à la mode des corps spiritualisés, à la mode des substances. Dès lors il n'y a plus de difficulté à le croire présent dans la forme d'une hostie aussi petite que l'on voudra.

III.

La permanence des modes ou *accidents* n'est pas plus difficile à concevoir (1). La Paléontologie nous

(1) Tout corps se compose de deux éléments, la substance et les modes. La science n'a pu encore nous dire ce qu'est la substance : les atomistes, les dynamistes, les informistes, etc., varient à ce sujet, mais elle a déjà fait des découvertes merveilleuses sur les divers modes qui décèlent la substance ou l'essence et qu'elle désigne par les noms génériques et synonymes de modes, accidents, espèces, apparences, qualités, propriétés et

présente des fossiles, les uns végétaux, les autres animaux, qui ont exactement conservé leurs formes en perdant complètement leur substance. Figure, linéaments, dépressions, protubérances, surface lisse ou rugueuse aspect mat ou brillant, tout a été respecté. On croirait voir un tronc de cicas ou de digitaire coupé depuis peu, les dents d'un mastodonte, récemment arrachées de la mâchoire d'un animal vivant, ou la coquille d'un mollusque que l'on vient de pêcher; analysez le contenu, tout est charbon, calcaire ou silice; en fait de tissus organiques primitifs, il ne reste que les espèces ou apparences.

On a découvert des bois agatisés renfermant des larves d'insectes qui étaient mobiles dans leur alvéole, contenant et contenu pétrifiés, des crabes fossiles dont les œufs pareillement fossilisés ont conservé exactement leurs formes primitives, des noix changées en silex, mais dont la coquille et le reste ont l'apparence ligneuse. L'ambre jaune ou succin, espèce de résine fossilisée, recèle lui aussi des insectes et des fleurs microscopiques, dont les pétales ont

par les noms particuliers de couleur, odeur, saveur, dureté, forme, dimension, pesanteur, étendue, sonorité, élasticité, etc., modes divers qui peuvent varier, qui affectent les sens de l'homme alors que la substance reste toujours la même et est toujours invisible et intangible.

conservé toute leur délicatesse. Toujours des formes, des accidents restant les mêmes quand le suppôt, la substance qui les soutenait est changée.

Ehrembert et Nognart ont démontré que la roche siliceuse appelée tripoli n'est presque absolument formée que par des squelettes de plusieurs espèces d'infusoires de la famille des bacillaires. Ces squelettes ont même si parfaitement conservé la forme des animalcules d'où ils proviennent qu'on a pu les comparer à nos espèces vivantes et reconnaître qu'elles ont avec elles la plus grande analogie.

Les géologues nous montrent encore des êtres organisés changés en agate, en quartz, en mine de fer, en minerai aurifère, etc. Toujours des modes ou apparences conservés sur des suppôts ou substances changées.

Nous avons d'autres exemples analogues à citer. Donnons un coup d'œil auparavant sur les relations qui existent entre les substances et les accidents.

Il faut remarquer d'abord, que nous trouvons dans la nature des modes identiques appartenant à des substances diverses. La couleur jaune, par exemple, caractérise également l'or, le cuivre, le laiton, trois métaux différents ; l'argent, le nickel, la neige, le lait diffèrent de substance et ont tous le blanc pour couleur. Le parfum de la menthe est exhalé par une plante et par un composé purement chimique. L'acide formique a la même saveur et est ordonné dans les mêmes cas par les médecins, soit qu'il vienne d'un extrait de fourmis, soit qu'il ait été composé par la simple oxydation d'un alcool particulier (1). Le palais de cristal que l'on édifie chaque hiver à St-Pétersbourg n'est composé que de *morceaux* de glace.

D'autre part, la même substance peut changer ses modes, sans changer elle-même. L'eau, la cire, la résine, etc., sont de même nature, qu'elles soient à l'état solide, ou liquide ou gazeux. Que le platine présente l'aspect dense, plein et solide qu'il a habituellement, ou qu'il prenne sous l'action du feu la forme d'une éponge persillée de trous, son essence n'est pas changée.

Parmi les infusoires, les micrographes en ont observé un qui change continuellement de forme. Vrai Protée, on le voit quelquefois, offrir en moins d'une minute la figure d'un ovale, d'un chapelet, d'une lanière, d'une fleur polypétale, et c'est toujours le même animal.

Et dans le règne végétal, ne voit-on pas divers modes, la couleur par exemple changer sur un sujet qui demeure identique (2).

La même substance peut quitter tous ses modes et les reprendre ensuite, l'un après l'autre. Voyez un

(1) L'alcool métylique.
(2) C'est ainsi que les mêmes pétales de l'hortensia deviennent successivement verts, blancs, roses et bleus.

grain de blé jeté en terre. Sous l'action combinée de l'humidité et de la chaleur, il se met à germer. Il se débarrasse d'abord de son enveloppe, son premier accident, qui se ramollit, se fendille, s'émiette, perd sa forme et sa couleur, et quelquefois disparaît complètement. La fécule, son second accident, fermente, change elle aussi de forme et de nature et la substance du froment persiste au milieu de toutes ces ruines, entre en activité, s'empare des corps et des accidents des corps qui l'entourent, l'eau, la terre, l'air, le rayon du soleil, les soumet en vainqueur selon l'expression énergique d'Origène, se les assimile et bientôt se reproduit en plusieurs germes qui ont la même fécule, la même enveloppe et la même forme que le premier.

Enfin, il arrive quelquefois qu'un mode existe sans que nous l'apercevions, par exemple le mouvement de la terre, l'immobilité du soleil. Les ailes du cousin, disent les naturalistes, exécutent 15.000 battements par seconde et l'œil le plus perçant et le regard le plus attentif ne peut saisir aucun déplacement, elles se montrent toujours absolument immobiles. Il faut 3 millions d'atomes d'éther pour faire une molécule qui n'a pas un millimètre de long. Ces atomes pour produire la chaleur et la lumière font 430 trillons d'ondulations par seconde, on a beau regarder attentivement on n'en saisit aucune.

D'autres fois le mode est perçu tout différent de ce qu'il est réellement. C'est ainsi que la lune quand elle est au zénith nous paraît de dimensions plus petites que lorsqu'elle est à l'horizon. C'est ainsi que la brisure d'une ligne immergée dans un liquide n'est qu'apparente. Le même corps lumineux lui-même peut être de modes différents pour deux spectateurs qui le considèrent en même temps. Une tour qui apparaît, comme elle est carrée, si on la voit de près, semble ronde à celui qui ne l'aperçoit que de loin. Il y a des personnes qui voient rouge ce qui paraît vert à d'autres. Il y a un bleu qui paraît vert à la clarté de la bougie.

Bien plus il est des cas, où nous percevons des modes dont la substance qui leur servait de sujet a été entièrement transformée, et peut-être même n'existe pas. Je vois une étoile par exemple de telle grosseur relative dans tel endroit du ciel, entourée de telles voisines, colorée de telle nuance, il est fort possible que cette étoile n'existe plus au moment où je l'aperçois ou du moins qu'elle ait changé de place, de forme et de couleur. Voilà bien des phénomènes, des accidents, de grandeur, d'étendue, de position, de voisinage, de coloration qui existent sans aucun sujet au moment où je les perçois.

Rappelons encore le phénomène du mirage. Le voyageur aperçoit un lac dont l'eau fraîche et limpide va enfin calmer la soif qui le dévore. Il compte les palmiers d'une oasis très inégaux de grandeur mais qui lui promettent tous et des fruits et de l'ombrage. Il continue de marcher et peu à peu tout disparaît, il n'a devant les yeux que le sable du désert, qui continue de s'étendre à perte de vue. C'était un mirage, une perception de modes sans substance.

Ainsi donc le même mode peut exister sur des substances diverses.

Une substance peut être substituée à une autre, les propriétés restant les mêmes.

La même substance peut changer ses modes en demeurant elle-même identique.

Un mode peut exister sans qu'on l'aperçoive.

Un mode peut être aperçu sans qu'il existe.

Nos sens peuvent continuer de percevoir des modes dont le sujet a été transformé, ou n'existe plus au moment de la perception.

Faisons maintenant l'application de ces faits et des conséquences qui en résultent à la permanence des espèces Eucharistiques.

Leibnitz croit à la possibilité de la subsistance des modes séparés de leur substance. Il motive ainsi son opinion. Remarquez que c'est un philosophe protestant qui parle ainsi. « L'essence d'une chose c'est ce qui la fait être et demeurer ce qu'elle est au milieu des changements qu'elle peut subir; quant aux modes ou qualités, variables de leur nature qu'elle peut avoir, dont elle peut changer sans cesser d'exister, ils prouvent que l'essence et le mode, sont deux choses réellement distinctes. Or, deux choses distinctes peuvent être séparées par la puissance de Dieu, qui peut à son gré en détruire une et laisser subsister l'autre, ou les laisser subsister toutes les deux, mais séparées ou indépendantes (1). » C'est le système des modes absolus, il résoud complètement la difficulté des modes Eucharistiques.

« Les modes, dit Berqueley, n'ont pas de réalité, mais sont de simples conceptions de notre esprit. »

Dans ce système, la question n'offre pas plus de difficultés que dans le précédent.

Il y en a qui prétendent, que l'accident n'est pas, il est vrai une entité absolue, puisque de sa nature il a besoin d'être attaché à son sujet, mais qu'il ne répugne pas que cette attache au lieu d'être invariablement en acte, soit seulement en quelques circonstances, à l'état de puissance. L'aptitude d'inhérence est inséparable de l'accident, mais **non** l'application (2).

Ce système n'est qu'une variété du premier et par conséquent autorise la même persistance des accidents que nous en avons tirée.

Enfin, d'autres prétendent, et ils sont les plus nombreux, qu'il n'existe pas d'accidents sans une substance qui leur serve d'appui. Les sens, disent-ils,

(1) Syst. Theolog. 112.
(2) Anastase le Sinaïte, Guitmont, Durand de Pressy n'admettent pas d'autre sujet que le corps même de Jésus-Christ qui n'existe plus il est vrai comme substance de pain, mais qui n'a pas été annihilée.

ne peuvent percevoir la couleur, la forme, le goût, une qualité quelle qu'elle soit sans que l'esprit ne lui suppose immédiatement un *substract* quelconque. Et les voilà en désignant pour le cas présent plusieurs à choisir.

C'est sur l'air, dit Descartes, que peuvent reposer les espèces ou apparences qui persistent après la *Transsubstantiation*. On les conçoit maintenus, disent d'autres par l'éther qui est partout et pénètre non seulement les corps solides, mais aussi les molécules mêmes de l'air. S. Thomas fait reposer simplement les espèces Eucharistiques sur la quantité dimensive conservée et soutenue par la puissance de Dieu. Peut-être le grand théologien à ce moment là pensait-il à ces paroles du grand apôtre, disant :

« que Dieu soutient tout par la puissance de sa parole » (1).

En citant ces deux auteurs, je ne sors pas du terrain scientifique et philosophique, car on ne conçoit pas ce qui pourrait empêcher Dieu, le grand soutenant incréé et universel, de faire directement, ce qu'il fait par intermédiaire, conserver dans leurs manifestations les effets des causes secondes, sans employer les causes elles-mêmes.

---

(1) *Portans omnia verbo virtutis suæ.* HŒBR. 1, 3.

IV.

Le phénomène de la présence simultanée d'un même corps en plusieurs lieux, que nous appellerons uniquement pour abréger, *multilocation*, est celui qui non seulement paraît le plus difficile à expliquer, mais semble encore a-t-on répété, souvent contredire directement la raison, celui que les auteurs protestants, a dit un de nos savants Evêques, mettent en proue et en poupe dans toutes leurs attaques contre l'Eglise catholique (1).

Nous constatons d'abord, qu'Euler (2) et Leibnitz (3) n'étaient pas de l'avis de leurs correligionnaires. « Si j'avais, dit le premier, un corps dans la lune et un corps sur la terre et que la même âme, les animât tous les deux, je serais présent tout à la fois, sur la terre et dans la lune. » « Je suis parvenu, dit le second, à concevoir comme possible le mystère de l'Eucharistie, je crois en être venu heureusement à bout. »

(1) Prora et puppis omnium ratiocinationum, versatur in hoc: an idem corpus possit simul plures locos occupare. *De rebus Euchar. controv.*

(2) Lettres à une princesse d'Allemagne.

(3) Syst. Théolog. et lettre à Arnaud.

Nous dirons en second lieu, que cette idée de multilocation est venue plusieurs fois à l'esprit humain. Les Romains ne doutaient pas que le maître des dieux ne fût présent, tout à la fois, dans l'Olympe et au Capitole. Les Babyloniens croyaient que Bel, sans quitter sa statue, venait s'asseoir à la table de ses adorateurs. Les Mexicains partageaient le gâteau offert à leur dieu qui s'y était incarné, disaient-ils, le mangeaient avec recueillement et s'estimaient heureux de s'être ainsi incorporés à la divinité.

Le grand Dieu du Mexique portait le nom de *Téo-cualo*, mot qui signifie « le Dieu mangé par les fidèles ». Deux fois pa an, les prêtres le consacraient, le rompaient et le distribuaient aux fidèles qui s'étaient préparés par le jeûne, la prière et toute espèce de mortifications à cette communion mystérieuse, car ils croyaient manger de la sorte la chair même de leur Dieu, et sanctifier leur âme en la nourrissant de la divinité.

Chez les Mazdéens d'Asie, qui suivent la religion de Zoroastre, le sacrifice de *Hom*, et encore plus mystique et plus étonnant. La matière du sacrifice est le jus de l'arbre de vie qui s'appelle *Hom*, la *forme* consiste dans une prière de consécration et la nourriture sacrée, s'offre dans un calice. Dans les prières qui indiquent une espèce de transsubstantiation, on trouve les paroles suivantes : « Celui qui boira ce jus ne mourra pas, il donne la vie, c'est la personne divine qui est mangée par l'homme » (1).

Quelle que soit l'origine et l'antiquité de pareilles croyances, leur seule existence chez des peuples si divers, est une preuve que les trois idées, de changement de substance, de multilocation et d'incorporation divine, si étranges au premier abord, ne présentent en réalité rien d'absurde, rien n'étant plus clair et plus facile à saisir pour l'esprit humain que l'absurdité.

Mais laissons l'histoire pour ne parler que des données scientifiques qui, ayant quelque **analogie** avec la multilocation, nous permettent d'en admettre facilement la possibilité dans l'Eucharistie.

Il a toujours été admis, en physique que, les corps peuvent exister sous trois formes ou états différents: l'état solide, l'état liquide et l'état gazeux. Les physiciens, aujourd'hui en admettent trois autres : l'état *libre*, l'état *radiant* et l'état *simple*. Dans ce dernier état, disent-ils, le corps étant simple quant à sa substance, il est formellement inétendu et indivisible, mais doué d'une énergie et d'une étendue virtuelle qui peuvent s'exercer en divers endroits, d'une manière successive ou avec interruption, d'une manière continue ou avec reprise, quelquefois même demeurant au simple état de puissance, sans exercice

______

(1) 3° Encyclopédie théologique (ABBÉ MIGNE). T. 57, col. 1270 et s.

actuel. Dans ce système le corps eucharistique du Sauveur, agirait dans le sacrement comme l'âme agit dans le corps, et la multilocation elle-même, ne ferait qu'un état d'un corps existant à l'état simple, mais virtuellement étendu.

A plus forte raison, pouvons-nous rationnellement supposer ces propriétés dans les corps qui se trouvent dans une des trois formes ou états que les théologiens désignent par les expressions de corps *ressuscités, corps glorifiés*, corps sacramentel (1).

Leibnitz et Pélisson son ami étaient du même sentiment. Loin, dit-il, qu'on puisse démontrer qu'un corps ne saurait être en plusieurs lieux à la fois, on peut au contraire, prouver solidement que quoique l'ordre naturel des choses exige que la nature soit définitivement circonscrite, cela cependant n'est pas d'une absolue nécessité (2).

Que sont tous les êtres à leur origine, se demande un autre vaillant champion de la thèse Leibnitzienne (3) sur la nature et l'étendue des corps ? Un germe, un embryon dans lequel la force qui les cons-

(1) Caro ipsissima sed ultra spiritalis naturæ puritatem sublimata datur in escam. THOMAS. Dogm. theol. de Incarnat. IX, c. 19.

(2) Syst. Théol. et lettres à Arnaud. V. Janet, œuvres philosophiques introd. (IX).

(3) Berseaux. La science sacrée T. III. p. 460.

titue essentiellement est concentrée. Qu'arrive-t-il, en effet, aussitôt qu'un germe est placé dans ses conditions de développement, c'est qu'il croît et grandit, sortant en quelque sorte de lui-même pour agir sur tout ce qui l'entoure, il étend son action invisible bien au delà de ce qu'il y a de visible en lui, il se dilate et cela souvent jusqu'à acquérir des proportions colossales. Voyez ce chêne, dont les racines semblent descendre jusqu'aux enfers, et dont la cime semble atteindre les cieux ? Qu'est-ce que c'est ? Un gland dilaté ! Et ce gland qui est circonscrit dans de si étroites limites, qu'est-ce ? C'est un chêne concentré. N'est-ce point une preuve que le même corps (car le gland et le chêne sont identiques), peut être dilaté, ou comprimé ou multiplié indéfiniment? N'est-ce point une preuve que, tout en restant dans le lieu où il était, il peut occuper un lieu où il n'était pas?

Appliquons ces théories à la question qui nous occupe. Le Corps de Notre-Seigneur est une *force*. A chaque Consécration qui a lieu, cette force, sent son foyer qui est au Ciel, se dilate, rayonne substantiellement, et descend sur l'autel, pour prendre la place de la matière sacrifiée. Cette force, au contraire, se concentre, c'est-à-dire retourne à son foyer, dès que les espèces sacramentelles sont détruites, n'importe comment. La présence réelle avec tous les phénomènes de multilocation, qui en sont la suite, peut donc s'expliquer par la faculté qu'a le Corps de Jésus-Christ, en tant que force, de se dilater, ou de se concentrer à volonté, c'est-à-dire dans les conditions qu'il a déterminées en instituant lui-même le Sacrement de l'Eucharistie.

L'histoire naturelle a consigné d'autres exemples d'une fécondité végétale extraordinaire. On a vu un seul grain de froment produire jusqu'à soixante épis, un grain d'orge, autre graminée, faire à lui seul une touffe de 249 tiges qui ont donné ensemble dix-huit mille graines. Le père unique de cette nombreuse famille n'était-il pas substantiellement présent, et tout à la fois dans chacun de ses membres ? Sur une seule plante de pavot (Papaver somniferum) j'ai compté un jour 42 têtes composées chacune de 12 à 14 loges contenant en moyenne chacune 280 graines, ce qui donne un total de 152.880 graines, si petites qu'il en fallait deux pour dépasser le poids d'un millième de gramme, mais toutes prêtes à germer et à fructifier comme la plante mère, si on en eût fait la distribution à autant de personnes, chacune d'elle eût réellement reçu une plante tout entière, une chose identique et quant à la substance, et quant aux qualités spécifiques, et quant au principe de vie présent tout entier dans chaque graine. J'ai cueilli une autre plante, la Vergerette (*Erigerum canadense*) plus féconde encore. Du collet de la racine partaient 8 branches dont chacune avait 102 rameaux, chaque rameau 92 fleurs, et chaque fleur en moyenne 48 graines ; total : 3.603.456 graines chacune prête à renouveler, au printemps prochain, cette merveille d'une substance végétale se multipliant, sans s'appauvrir, des millions de fois.

Varignon, de Lignac, Euler appliquent la présence simultanée du corps eucharistique en plusieurs lieux en supposant un dédoublement de ce corps, opéré autant de fois qu'il le faut par la toute-puissance divine (1). Leibnitz, nous l'avons vu, soutient que puisque le corps de l'Homme-Dieu existe dans le Sacrement à l'état de substance, à la mode des esprits, rien n'empêche qu'il ne puisse être en même temps pré ent en plusieurs lieux, les esprits de leur nature n'étant soumis à aucune localisation. « J'ai reconnu, dit-il, que ce n'est pas dans l'étendue que consiste l'essence des corps... et même que la substance du corps est sans étendue (2) ». Osiander, disciple de Luther, croit comme son maître à la présence réelle, et de plus, à la transsubstantiation qu'il suppose opérée par l'assomption hypostatique du pain et du vin faite par l'âme et la Divinité de l'Homme-Dieu. Novali, autre protestant, a dit et avec raison que tous les objets terrestres pourront se convertir au pain et au vin de la vie éternelle (3).

(1) Voir De Partz de Plessy, œuvres très complètes. (Migne) T. 1, p. 1031 et suiv.

(2) Syst. théol. et lettre à Arnaud et Janet, œuvres philosophiques. Introd. IX.

(3) Correspondant 1856, 25 juin.

Ce sont des systèmes, direz-vous, voici un fait de multilocation facile à constater, il est des plus éclatants et se renouvelle tous les jours, c'est la lumière même qui le met sous nos yeux.

Nous la considérons surtout comme venant du soleil, sa source la plus abondante et la plus régulière.

Elle part de tous les points que l'on peut compter sur la surface de cet astre qui est quatorze cent mille fois plus gros que notre globe terrestre. Une fois en voyage, elle parcourt, en droite ligne, sur chaque rayon soixante et quinze mille lieues par seconde. Si elle rencontre un obstacle, sa rigidité devient plus de six millions de fois plus grande. L'onde lumineuse qui dans le spectre solaire donne la couleur rouge fait 514 trillions de vibrations par seconde, l'onde qui donne la couleur violette en fait 752 trillions. Nous avons là des preuves évidentes de la présence simultanée de la lumière en plusieurs lieux, tantôt sans ombre d'interruption, tantôt avec une interruption dont la durée inconcevable n'atteint pas la trillionième partie d'une seconde. Même dans ce dernier cas on peut dire que la multilocation est parfaite. Dans les corps l'unité n'est pas détruite parce que les molécules qui le composent sont séparées par un espace plus ou moins grand, de même la présence simultanée n'est pas interrompue par une absence si courte qu'elle est inconcevable à l'esprit humain. La porosité de temps n'est pas de condition pire que la porosité d'espace. Et alors pourquoi refuser à celui qui a bien voulu prendre lui-même le surnom de « Lumière du monde, une propriété qu'il a donnée aux corps lumineux » ?

Un autre phénomène qui facilite et justifie la croyance au dogme Eucharistique est la manière dont l'Eglise entend l'*identité personnelle*. L'homme est composé de deux éléments, une âme spirituelle et un corps organisé. L'âme comme tout esprit est simple de sa nature, le corps se compose de deux éléments, la substance invisible et intangible à nos sens et une partie matérielle qui sous le nom d'organes cache cette substance tout en en démontrant l'existence. Cette dernière partie de l'être corporel peut changer. Les tourbillons de Descartes ne sont plus admis en astronomie ; mais l'anthropologie les accepte pour expliquer cette rénovation continuelle des molécules que subit la matière actuelle de tout corps vivant, alors que la forme essentielle, autrement appelée substance, demeure la même (1).

On croit aujourd'hui à un renouvellement de l'homme matériel relativement fort rapide. Nous lisons dans la Thérapeutique rationnelle (2) : « Il est pour nous absolument certain, comme cela était certain pour Platon, Buffon, Cuvier et tant d'autres,

(1) Cuvier. Rapport histor. p. 400.
(2) Livraison. Avril 1879.

que toutes les molécules composant le corps de l'homme et des animaux sont sans exception remplacées dans un temps donné, et il est infiniment probable que ce temps doit être sensiblement, sinon tout à fait exactement, d'un nombre de jours égal au poids du corps divisé par la moitié, les deux tiers ou les trois quarts de la ration alimentaire, quotidienne, nécessaire à l'entretien de la vie et de la santé. En portant à un kilog. la portion assimilée, et à 65 kilog. le poids moyen de l'homme adulte, on voit que dans 120 ou 130 jours, toutes les molécules sont changées et que l'homme matériel se renouvelle environ trois fois par an (1).

Si Dieu créateur peut opérer ces diverses merveilles dans les divers corps que nous avons mentionnés, pourquoi Dieu rédempteur ne pourrait-il pas en opérer d'analogues dans son Corps eucharistique ?

(1) Cette assomption hypostatique de molécules, souvent renouvelée, n'interrompt pas l'identité du même corps, elle justifie le langage des Pères de l'Eglise, disant que le communiant reçoit le même corps que la Vierge Marie a allaité, dont Magdeleine a parfumé les pieds, que les bourreaux ont attaché à la Croix, et ils auraient pu ajouter que Joseph d'Arimathie a inhumé, qui ressuscité est monté glorieux au Ciel, en descend, sans quitter la droite de son Père, sur nos autels où il réside corporellement après s'être assimilé la substance de la matière sacramentelle et laissé au dehors comme un voile qui le cache à nos yeux mortels, tous les modes ou accidents des espèces consacrées.

Quelle que soit la nature intime de la substance des corps, et la science n'a pu nous l'apprendre, il est certain que cette substance :

1° Est indépendante, sinon d'une circonscription quelconque, au moins de tout volume déterminé.

2° Que tout entière dans le tout, elle est aussi entière dans chaque partie de ce tout.

3° Que ces deux choses sont vraies, et quand ces parties sont unies au tout, ne formant qu'un avec lui, divisibles seulement en puissance, et quand elles ont été séparées par une division actuelle. La substance de l'eau, par exemple, est tout entière dans une goutte d'eau aussi bien que dans un bassin plus ou moins large et profond ; la substance du vin est tout entière dans un verre, quelque petit qu'il soit, aussi bien que dans un foudre qui contient la récolte entière d'une année. La substance du pain est tout entière dans une miette que l'oiseau emporte à la pointe effilée de son bec, aussi bien que dans le gros pain que le boulanger sort de son four. Une parcelle d'or renferme la substance de ce métal, aussi bien que la plus grosse pépite que peut trouver le mineur.

Or, je suppose, que dans un festin, on distribue à chaque convive, une fraction d'un même pain et qu'on remplisse du même vin, une large coupe, où tous s'abreuveront successivement. Chacun a-t-il reçu la substance du même pain, la substance du même vin et la substance entière ? Evidemment. Et si les convives ont bu à la fois la même substance, était-elle en vingt endroits différents et y était-elle tout entière ! Oui, évidemment (1). Mais s'il en est ainsi, l'esprit humain ne doit plus trouver de difficulté à concevoir la possibilité de la multilocation et de la Communion sacramentelles. La substance du Corps de Jésus-Christ est tout entière dans la masse de pain consacré, tout entière dans chacune des hosties qui composent cette masse, tout entière dans chaque fragment qui se détache d'une hostie. La substance du sang de Jésus-Christ est tout entière dans la masse du vin consacré dans le calice, tout entière dans chaque bouchée qu'on en prendra. Que les communiants soient aussi nombreux que l'on voudra, qu'ils reçoivent les Saintes espèces successivement, ou simultanément, en les recevant, ils reçoivent tous également la substance même et la subs-

(1) Les substances, dit le catéchisme du concile de Trente personne n'en doute, peuvent se renfermer aussi bien dans un petit espace que dans un grand. Ainsi dans la plus petite partie de l'air comme dans la plus grande vous en avez la substance et toute la nature, et la nature de l'eau tout entière ne se trouve pas moins dans une petite urne que dans un fleuve. Et comme le corps de Notre-Seigneur remplace la substance du pain, on est obligé de convenir qu'il est dans le sacrement de la même manière que la substance du pain y était avant la consécration. Or la substance était tout entière dans toutes les parties, petites ou grandes, peu importait la quantité.

Cat. conc. Trid. Trad. par l'abbé Gagey. T. 1. p. 416.

tance entière du Corps et du Sang de Jésus-Christ, et par conséquent Jésus-Christ tout entier, puisque l'Eglise enseigne que son âme et sa divinité sont inséparables de son Corps et de son Sang.

V.

Autres analogies. Il existe une foule d'autres phénomènes qui supposent tous la présence simultanée d'un même agent en plusieurs lieux. C'est une glace brisée, dont chaque fragment reproduit la même image que réflétait la glace entière. C'est la pensée incarnée dans la parole qui, portée par le son, va frapper en même temps les oreilles et l'esprit de mille auditeurs sans quitter le lieu qu'elle occupait auparavant ; et mes auditeurs, dit St Augustin, ne divisent pas mon discours, en sorte que l'un prenne une syllabe et l'autre une autre, un seul entend tout et tous entendent tout».

C'est la pensée incarnée dans l'écriture sous les *modes* ou *formes* de laquelle elle demeure entière pour se communiquer à tout lecteur, tant que durent ces modes qui, tout à la fois, la cachaient et la faisaient connaître.

C'est une étincelle électrique qui frappe en même temps toutes les personnes en contact avec la même chaîne, c'est une goutte d'eau qui passant à l'état de vapeur occupe instantanément un espace quatorze mille fois plus grand.

Nous n'avons pas dit que la faculté de se multiplier d'une manière si étrange existait dans certains animaux, par exemple, dans le polype, le corail, la méduse de Suède, dans plusieurs espèces d'infusoires, entre autres les volvoces, les goniums, les monades, et même dans quelques espèces de vers de terre. Ils se laissent diviser en plusieurs parties, et chacune de ces fractions, demeure vivante et refait rapidement son tout.

Une autre espèce de zoophites, le synophore, donne continuellement naissance à de nouveaux membres et cet être, tout à la fois unique et multiple, se reproduit par la seule séparation de ses fragments.

La nature entière est pleine de multilocations qui s'opèrent par extension, assimilation, compénétration, irradiation, émanation, porosité d'espace, porosité de temps, absorption, dédoublement, reproduction, accroissement et par d'autres manières que nous ignorons.

Mais en voilà assez pour pouvoir formuler et regarder comme absolument légitimes les conclusions suivantes :

Métaphysiquement parlant, on ne peut pas dire

que le mystère de l'Eucharistie est impossible, puisque dans son énoncé il ne contient rien d'absurde, rien de contradictoire.

Physiquement parlant, le mystère de l'Eucharistie est croyable en tant qu'analogue à mille phénomènes que les sciences expérimentales, physiques et naturelles mettent tous les jours sous nos yeux et que tous les savants sont obligés de croire, bien qu'ils ne puissent en expliquer, ni l'origine, ni la nature.

Logiquement parlant, le mystère de l'Eucharistie est croyable, en tant que réel, comme est croyable un fait appuyé sur le témoignage et l'autorité de personnes probes, éclairées et compétentes. Comme est croyable une vérité que la raison même nous montre formellement contenue dans les livres saints, clairement enseignée par le Fils de Dieu lui-même et toujours fidèlement gardée, professée et défendue par l'autorité infaillible qu'il a établie et qu'il a promis d'éclairer et d'assister jusqu'à la fin du monde.

La science et la révélation sont donc bien réellement deux sœurs, dont le domaine d'exploration est souvent différent, mais qui jamais ne se contredisent, peuvent se rendre réciproquement de vrais services, et les preuves que nous venons d'en donner justifient admirablement, ce nous semble, et ces paroles du Concile de Trente que nous avons déjà citées : « La raison éclairée par la foi parvient à trouver possible la présence substantielle de Jésus-Christ en plusieurs endroits » ; et ces paroles de

Pie IX : « Les dogmes les plus cachés, que la foi seule peut concevoir, peuvent être en quelque manière compris et saisis par la raison ». C'est donc légitimement que la raison et la foi peuvent s'écrier ensemble : « Vos admirables mystères, Seigneur sont très croyables : *mirabilia tua credibilia facta sunt nimis.* »

TABLE DES MATIÈRES.

Cîteaux. — Imp. Guillermain.